AF358396

mdc S158073

PHYSIOLOGIE

DU

CHAPEAU DE SOIE

ET DU

CHAPEAU DE FEUTRE.

———

INSTRUCTION

POUR ACHETER

SON CHAPEAU.

PUBLICATION GRATIS

DE LA CHAPELLERIE EUROPÉENNE.

Charles MONIER,

Rue Montesquieu, 8.

BREVET ET RÉCOMPENSE NATIONALE

———

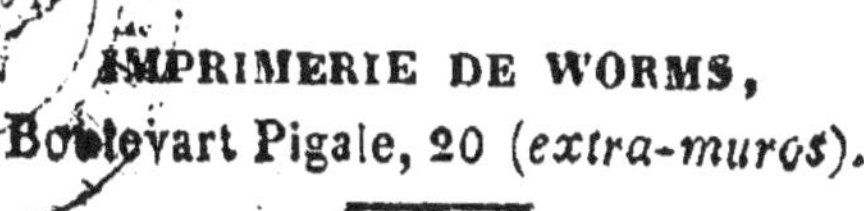

IMPRIMERIE DE WORMS,

Boulevart Pigale, 20 (*extra-muros*).

PARIS — 1841.

LE CONSOMMATEUR ET LE CHAPELIER.

Tout le monde sait à quelle anarchie l'industrie est livrée et tout le monde s'en plaint. Chacun est mécontent de son métier et personne n'est capable d'un effort pour l'améliorer, et surtout d'un effort profitable tout à la fois à soi, à ses confrères et aux consommateurs.

Entre toutes les industries malades, la Chapellerie est une des plus souffrantes : industrie de luxe, plus encore que de nécessité, elle subit toutes les fluctuations, tous les caprices, toutes les exigences du luxe, sans en avoir les profits. Il n'en est point pour. qui le consommateur soit aussi exigeant, aussi impitoyable, parce qu'aucune n'influence aussi souverainement l'aspect de la physionomie. Pourtant, malgré cette importance, il n'est point de fournisseur à qui l'on donne aussi peu d'argent qu'à son chapelier. Il n'est pas de dépense à laquelle on regarde plus.

On trouve toujours que son chapeau est trop cher et qu'il ne dure jamais assez. Si l'on a été malade, si l'on a vieilli, si l'on se trouve laid, si l'on est malheureux en amour, on s'en prend à son chapeau : c'est lui qui coiffe mal. Si l'on reçoit une averse, si le chapeau a été broyé dans un spectacle, dans une foule, si l'on a été souvent en voiture, si on l'a plus porté, si l'on a plus fatigué avec que de coutume et qu'il n'ait pas résisté, on s'en prend au chapelier qu'on accuse de déloyauté, souvent bien a tort, car le consommateur exige presque toujours les choses dont plus tard il se plaint.

La cause de ces difficultés est dans l'ignorance du consommateur sur toute manutention chapelière, et dans le peu d'attention qu'il accorde aux observations de son chapelier. En tout marché, le vendeur est toujours soupçonné d'avoir un intérêt contraire à celui de l'acheteur, comme si l'intérêt véritable du vendeur n'était pas avant tout de contenter sa pratique pour le plus longtemps possible. Toute observation du premier est toujours mal interprétée par le second; et le vendeur placé, pour un moment, entre la nécessité de plaire et la crainte de déplaire, consent à tout, promet tout ce qu'exige sa pratique, au risque de recevoir plus tard des reproches qu'il espère conjurer.

En toute chose, l'ignorance est un malheur, et sont coupables ceux qui l'exploitent.

Il importe donc au consommateur d'avoir quelques connaissances en chapellerie, surtout de celles qui sont à la portée de toutes les intelligences. Il importe donc de lui faire appliquer, en chapellerie, le même raisonnement qu'il apporte au jugement des choses les plus vulgaires.

Il importe au chapelier intelligent et délicat d'avoir des appréciateurs éclairés rendant justice à son mérite et dont les rapports soient faciles et agréables. Par ces motifs, je tâcherai, dans cet opuscule, de faire comprendre aux consommateurs les règles qui doivent les guider dans leurs achats. Je passerai en revue toutes es exigences ainsi que les plaintes qui surviennent journellement dans la chapellerie; enfin les moyens pris et ceux à prendre pour concilier les intérêts du chapelier avec ceux du consommateur.

DU CHAPEAU LÉGER.

La première des exigences et la plus générale, c'est d'avoir un chapeau léger, et la première plainte qui s'en suit, est que le chapeau léger n'a pas fait un usage semblable au précédent. Vainement le chapelier observera que le précédent était plus lourd; il vous rappellera que vous l'avez voulu très-léger et qu'il vous a prévenu qu'un chapeau très-léger demandait plus de soins pour faire le même usage; vous ne vous souviendrez pas de ses observations, vous garderez l'idée qu'il aurait pu mieux faire. Pourtant, chacun sait qu'une feuille de papier n'est pas aussi forte qu'une feuille de carton. Vouloir un chapeau en soie très-léger et le vouloir bon, c'est impossible. Il est vrai qu'on peut faire, avec des matières fines, un chapeau plus léger qu'avec des matières grossières, mais il y a des proportions qu'on ne peut dépasser sans inconvénient.

En chapeau de feutre seulement, et lorsque l'on ne craint pas d'arriver à un prix élevé, on peut obtenir tout à la fois léger et solide, encore la légéreté possible ne satisferait peut-être pas certaines personnes.

DU CHAPEAU LUISANT.

La seconde exigence est d'avoir un chapeau extrêmement reluisant. C'est pour le luisant que l'on aime le chapeau de soie ; et la première chose dont on se plaint, c'est que ce luisant ne dure pas ; que plus le chapeau en a, plus vite il s'éteint. Enfin, on se plaint que c'est aux chapeaux les plus luisants qu'il se forme le plus promptement, autour du cordon, un bandeau graisseux, dont l'aspect malpropre fait le désespoir du consommateur et le tourment du chapelier.

Ici, j'ai à faire connaître les moyens qu'on emploie pour donner ce luisant et les différentes causes qui concourent à la formation de ce bandeau.

Plus la soie est de belle qualité, plus elle a du brillant. Aussi, dès que parut le chapeau de soie, chacun chercha le moyen de donner à la soie un brillant factice.

On donna d'abord un brillant factice aux qualités communes, et cela obligea à le donner aux qualités supérieures. Le fabricant de peluches donna un apprêt pour brillanter sa marchandise. Le fabricant de chapeau imagina de saturer, d'enduire le chapeau avec une composition d'huile et de cire appelée *gandin* ; et soit pour étendre cet enduit, soit pour lisser extraordinairement son chapeau, il imagina une sorte de machine électrique, nommée *tours*, à laquelle le chapeau est adapté, et là, placé entre deux tampons, il se polit en tournant sur lui-même avec une vitesse extrême, en même temps que, par ce frottement, l'huile ou gandin s'incorpore et s'étend également sur toute la surface du chapeau. Voilà le moyen employé pour donner le luisant.

Il n'est donc pas étonnant qu'il dure peu, que peu de temps après cette soie paraisse grise et graisseuse, qu'elle retienne la poussière, et qu'ainsi imprégnée, elle engendre d'elle-même les premières couches du cercle graisseux dont j'ai parlé plus haut.

J'ai parlé d'un enduit qu'y met le chapelier, mais je n'ai pas parlé de celui qu'y met, avant lui, l'ouvrier en soierie.

Plus la soie est fine, plus elle est difficile à tisser et plus elle fait du déchet. Comme l'ouvrier est responsable du déchet et que l'huile donne du poids, en même temps qu'elle facilite le travail, l'ouvrier ne se fait pas faute d'en mettre; quelle que soit la surveillance que le maître exerce, il ne peut l'empêcher. Toutes les étoffes noires en sont imprégnées : c'est une plaie incurable de la fabrication des soiries.

Eh bien ! toutes ces matières huileuses tombent de leur propre poids et se rassemblent sur le lien du chapeau, où elles sont d'ailleurs attirées et augmentées par la chaleur, la transpiration et souvent encore la pommade que l'on met abondamment dans les cheveux.

DU CHAPEAU GRAISSEUX.

Or, les consommateurs et même les chapeliers ne se rendant pas compte de l'effet de ces applications d'huile, et croyant que la transpiration et la pommade causaient à elles seules le bandeau graisseux, ont imaginé toutes sortes de moyens pour empêcher la formation de ce bandeau.

On eut recours à toutes sortes de goudrons ou d'apprêts, hélas ! inefficaces ! On vit partout des écriteaux annonçant des chapeaux *imbéréoléofuges, hydroléofuges*, et autres terminaisons en *uges* ; et ce fut là la plus étonnante mystification qu'on ait faite au public. Si mes pratiques s'en souviennent, elles me rendront cette justice, que, contrairement à mes confrères, je n'ai jamais affiché ces inventions dans ma boutique ; que, lorsqu'on me demandai de ces *imbéréoléofuges* et autres, je répondais : je vous en fournirai, mais je ne garantis pas l'usage que vous en attendez. Je ne reconnais aucune efficacité à ces drogues, parce qu'aucune composition ne peut résister à l'action constante de la chaleur et de l'humidité réunies ; on reconnut bientôt que j'avais dit vrai.

Un de mes confrères imagina de placer un cercle en cuivre, par dessous de la soie, à l'entrée du chapeau. Mais ce cuivre occasionnait une prompte oxidation. Le vert de gris se manifestant en abondance, on reconnut que ce procédé était dangereux pour la santé D'ailleurs, ce cercle étant étroit et même lourd, n'empêchait nullement la transpiration de traverser et graisser au-dessus et au-dessous de l'étroite partie qu'il aurait dû garantir.

. Moi-même, afin de montrer que je ne manquais pas d'expédients, j'imaginai de garnir, ou pour mieux dire, d'étamer avec de minces feuilles de plomb, — métal très-sain, — toutes les parties qui deviennent graisseuses. Cela eut de l'efficacité pour quelques personnes, mais comme je m'y attendais, ne me satisfit pas complètement.

Quoique minces, ces feuilles soudées alourdissaient le chapeau ; ensuite, si le chapeau venait à être froissé dans les parties ainsi étamées, il se formait des fissures qui laissaient passer la transpiration.

Au surplus, l'on ne peut fixer solidement la garniture au chapeau sans la coudre par quelque endroit.

Vainement on a essayé de la coler, la cole se dissoul, la garniture tombe. Or, pour la faire tenir, on ne coudrait qu'un point indispensable, il s'en suivrait que le fil, le trou de l'aiguille deviendraient des conducteurs des matières graisseuses.

Pourtant, tout cela démontré, il s'est encore trouvé un fabricant chapelier qui, exagérant l'étamage, s'est mis à étamer toute la carcasse du chapeau. Voilà des chapeaux comme des marmites à l'étalage de presque tous les chapeliers ! encore une mystification semblable à celle des *oléofuges*.

Que voulez-vous ? l'entraînement, l'exemple, chacun veut avoir ce que l'on voit chez son concurrent. Eh ! puis l'exigence publique. Il faut être esprit fort pour se préserver de tout entraînement ; moi, qui résiste à de semblables choses, je ne m'en trouve pas toujours bien.

Je demanderai à ceux qui ont acheté de ces *chapeaux-marmites*, s'ils se sont trouvés satisfaits avec un pareil poids sur la tête, et, qu'au bout d'un quart-d'heure, la chaleur n'ayant pas une évaporation suffisante, ils se sont senti la tête comme dans un four ; et lorsqu'enfin le cercle graisseux se sera manifesté, de la même façon, aussi promptement qu'à tous les autres chapeaux de soie !

Souvenez-vous, lecteurs, que quoiqu'on fasse, les émanations graisseuses finissent toujours par se répandre du dedans au dehors ; que la soie s'en imprègne abondamment et d'une manière très-apparente ; que d'ailleurs, avant le consommateur, l'ouvrier en soie et le chapelier l'en ont enduite.

Ce fait, que je dévoile, sera contesté, on annoncera pompeusement ne pas employer ce moyen de faire luire la soie, ou y avoir renoncé ; moi je soutiens que cette renonciation est impossible.

Quoiqu'on fasse, les ouvriers emploieront l'huile en cachette ; les ouvriers en soie sont indomptables à cet égard. Moi qui ai fait fabriquer la peluche, je puis l'affirmer en connaissance de cause ; ensuite, les ouvriers chapeliers, même les maîtres, y ont trop d'intérêts. Enfin, le consommateur lui-même ne voudrait pas d'un chapeau de soie peu luisant '

DU CHAPEAU IMPERMÉABLE.

La troisième propriété qu'on exige à un chapeau, c'est d'être impénétrable à la pluie. Il y a véritablement un apprêt, sorte de verni, composé d'esprit de vin, gomme laque, etc., qui rend le chapeau impénétrable à la pluie ; mais seulement tant qu'il reste sous l'action unique de l'eau froide. Or, si certains degrés de chaleur viennent à se combiner avec l'eau, cet apprêt se dilate, le chapeau se ramollit, et l'eau pénètre, traverse le chapeau. Ainsi, si vous faites chauffer devant le feu ou au soleil ardent, un chapeau mouillé ; si, par une course à la pluie, vous vous échauffez jusqu'à tomber en sueur brûlante, votre chapeau sera pénétré, déformé ; mais en se refroidissant, il reprendra sa dureté et son impénétrabilité ; car ce n'est que la chaleur qui le rend pénétrable.

Tous les chapeaux sont apprêtés avec cet apprêt. Seulement, les chapeaux de soie communs en ont très-peu, aussi sont-ils très-peu imperméables. Outre cet apprêt, qu'ils reçoivent en plus ou moins grande quantité, tous les chapeaux de soie, quelle qu'en soit la qualité, reçoivent forcément un autre apprêt, nommé *cole de Gand.* Cette cole est indispensable pour faire adhérer l'étoffe ou peluche à la carcasse ; cette cole se dissout promptement à l'action de l'eau même froide ; et passant de suite à la surface de la peluche, vient coler les poils les uns aux autres, de telle sorte que, quand le chapeau est sec, vous ne trouvez, au lieu de poils, qu'une vaste croûte, et il vous faut vite recourir au chapelier pour qu'il ait à déglutiner le poil en en arrachant la moitié. Mais le chapeau, fut-il neuf, est flétri pour jamais.

Voilà pourquoi, voilà comment la plus légère ondée fait tant de mal à un chapeau de soie.

L'inconvénient de la *cole de Gand* que je signale ici, une fois connu, il y aura des chapeliers qui affirmeront avoir trouvé le moyen de supprimer cette cole. Mais ils auront simplement substitué à celle-ci une autre cole de même nature, ayant les mêmes propriétés et par conséquent les mêmes inconvénients; je le répète, il faut absolument une cole fondante à l'eau, pour confectionner le chapeau de soie. Tous les essais qu'on a fait pour s'en passer n'ont pu réussir.

DU FEUTRE ET DE LA SOIE.

Il n'en est pas de même du chapeau de feutre. Le chapeau de feutre ne contient aucune cole, aucun autre apprêt que l'apprêt imperméable. Donc, aucun des ravages que la cole fait aux chapeaux de soie. De plus, l'action de la chaleur de la tête au chapeau de feutre est presque nulle. Le chapeau de feutre est plus poreux que le chapeau de soie; il laisse un passage plus facile à la chaleur. Le poil conserve, fabrique, la propriété d'évaporation qu'il avait sur la peau de l'animal; il est aussi un puissant conducteur de l'eau : il ne s'en imprègne pas comme la soie, l'eau glisse sur le poil, et la soie l'absorbe. Toutes ces causes font que le chapeau de feutre est réellement imperméable, et que le chapeau de soie ne l'est pas.

Je viens de signaler les propriétés que le poil conserve à l'état de feutre. Il importe ici d'insister sur ce point. La transpiration chez tous les animaux est une matière graisseuse; pourtant, chez aucun elle ne paraît à la surface de leur poil, parce que le poil a la propriété de l'évaporation et du dégagement. Remarquons, en passant, que cela est favorable à la santé. Le poil a toujours de la propension à se soulever, à se dégager. La soie absorbe tous les liquides et s'aplatit, s'aglutine, quand elle en est imprégnée. Voilà pourquoi la transpiration paraît sur la soie et non sur le feutre. Mais, voyez vos vêtemens! le drap est composé de substances animales, poil ou laine, c'est la même chose : le drap est feutré, la transpiration paraît-elle sur vos habits? il faut que l'intérieur du feutre soit totalement détruit, pourri par la transpiration avant que celle-ci paraisse au dehors; encore son ravage est-il ex'rême-ment restreint. Ce n'est jamais cette cause qui détermine la mise hors de service d'un chapeau de feutre, et c'est toujours parce qu'un chapeau de soie est graisseux, qu'il n'est plus portable.

De tout ceci, lecteurs, vous concluerez aisément que, pour avoir un bon chapeau, il faut choisir un chapeau de feutre. Le chapeau de soie a fait son temps; on l'a trop falsifié ; on a introduit trop d'abus dans sa fabrication, et tout cela est irrémédiable.

DU CHAPEAU REFAIT.

De toutes les tromperies et falsifications que l'on pratique à l'encontre du chapeau de soie, il en est une encore que je ne dois pas passer sous silence, c'est de vendre les vieux chapeaux de soie pour des neufs. Voici comment cela se pratique : on détache la peluche de la carcasse, on la lave pour en enlever la crasse, on réapprête la carcasse, on replace la peluche, en repassant bien, repommadant, repolissant bien ; on en fait un chapeau comme neuf que l'on vend pour tel dans beaucoup de lieux obscurs de passages, fonds d'allée, établissemens au premier, et peu de consommateurs sauraient reconnaître ce tour-là. Il y a, je m'empresse de le déclarer, de ces établissemens où l'on ne vend ces chapeaux refaits que pour ce qu'ils sont. Les chapeliers d'un certain ordre n'en tiennent d'aucune façon : je n'en ai jamais eu. La connaissance de ce fait ne sera pas très utile, je pense, aux lecteurs à qui je m'adresse ; ils ne s'exposent pas, sans doute, à ce qu'on le pratique à leur égard, en choisissant leur fournisseur autre part que dans les allées. Néanmoins, ceci est un abus assez répandu pour qu'il contribue au dégoût qui se manifeste envers le chapeau de soie. Ce chapeau, je le répète, a fait son temps ; le consommateur a trop reconnu les inconvéniens qu'il en éprouve à l'usage, pour ne pas l'avoir condamné. Tous ceux qui, dernièrement, ont porté des feutres ras-poils et qui, après, ont reporté de la soie, ont pu apprécier, par comparaison, ce que c'était que le feutre, le feutre imperméable.

DU JURY.

Le jury central, pour l'exposition de l'année 1839, a, dans son rapport, où je suis cité favorablement, déclaré que l'apprêt imperméable avait été un grand progrès pour la chapellerie, et c'est vrai. Mais si le jury attribue à cet apprêt le succès du chapeau de soie, il n'est pas exact. Il est vrai que le chapeau de soie avait déjà été présenté à la consommation, et repoussé par elle ; que l'apprêt imperméable facilita la confection du chapeau de soie ; que la réputation alors naissante de cet apprêt favorisa le chapeau de soie. Mais le succès de ce chapeau ne fut assuré que lorsque apparut le chapeau de soie rase. Moi, qui ai fait à Lyon le premier chapeau de cette sorte, je sais pertinemment que les consommateurs qui donnent la mode ne se décidèrent en faveur de la soie que lorsque apparut le chapeau peluche rase.

Quant au chapeau de feutre, apprêté à l'imperméable, comme cet apprêt était nouveau, il y avait alors fort peu de consommateurs qui avaient eu le temps d'en apprécier les propriétés. Et, même présentement, sans les chapeaux feutre ras-poil, on ne l'aurait pas encore apprécié.

DU FEUTRE RAS-POIL.

A propos de feutres ras-poils, je ne puis m'empêcher

de consigner ici quelques observations sur cet article.
On pourrait dire de lui ce vers fameux, en y changeant
un mot :

Las! les *meilleures* choses ont le pire destin !

En effet, cet article ne vécut qu'un *matin*. La mode,
despote capricieuse, le condamna sur un seul grief, celui d'être terne! Eh! voyez, c'était pour çela qu'elle
l'avait adopté. On trouvait que ce noir terne s'harmo-
nisait parfaitement avec le ton noir du drap ; et puis, il
était si commode d'avoir un chapeau qui ne craignît
rien. Aussi, combien de consommateurs le regrettent,
tout en suivant le courant de la mode. Il y a si peu
d'esprits forts ! C'est peut-être mon amour paternel qui
me trompe, mais je crois à la résurrection de cet article. On se souviendra avec quelle supériorité je l'avais
établi, et à quel modique prix je le vendais. C'est peut-
être à cause de cela qu'on s'est efforcé de le renver-
ser.

Je n'ai jamais compris le mauvais vouloir de la plupart des chapeliers contre le feutre. C'est à peu près la
même résistance qu'ils opposèrent à l'émission des chapeaux de soie ; pourtant, ils ne s'en trouvèrent pas plus
mal. Souvenez-vous, chers confrères, que les hommes
qui ont la coutume de changer deux fois, trois fois, de
chapeau dans l'année, changeront aussi souvent leurs
chapeaux de feutre ; qu'ils seront plus proprement coiffés
et plus contens de vous ; que vous pourrez sati-faire un
grand nombre de riches pratiques, qui recherchent la
distinction, en leur vendant des feutres d'un prix élevé.
Le feutre aura toujours un cachet de distinction ; car on
ne fera jamais des chapeaux de feutre à 6, 8 et 12 francs,
et vous savez qu'il est difficile de reconnaître sur la tête
d'un homme de quel prix est son chapeau de soie. Dans
tous les cas, on peut présumer que ses moyens ne
vont pas au-dessus de 18 francs, puisque c'est le prix
maximum d'un chapeau de soie. Au contraire, s'il a un

chapeau de feutre, on saura que son chapeau vaut encore plus que le plus beau chapeau de soie.

DU FEUTRE MI-POIL.

Mais, voyez déjà le retour de l'opinion et de la mode en faveur du chapeau de feutre, du feutre mi-poil ; c'est à ce genre que l'on paraît se fixer et l'on sera fixé pour longtemps, car c'est celui qui est le plus approprié au goût et aux besoins du consommateur.

Déjà, presque tous les hommes de la magistrature, du barreau, de la finance, du commerce, qui doivent vaquer aux affaires à heure fixe, qui ne veulent avoir souci ni de voiture, ni de parapluie, si le temps est incertain ; qui veulent n'être point embarrassés pour marcher dans la rue, pour entrer au Palais, à la Bourse et même au spectacle, par un incommode couvre-chapeau, car le parapluie ne couvre que le chapeau ; enfin, n'être tenus à aucun petit soin et pourtant être richement coiffés, avoir un chapeau tout à la fois solide, commode, favorable à la santé et de bon ton : ceux-là demandent un chapeau de feutre.

C'est au chapelier intelligent à seconder cette direction de la mode en se rapprochant le plus possible, dans les chapeaux de feutre, des faibles avantages qu'on aurait à regretter dans les chapeaux de soie, savoir : le prix pour ceux qui ont fixé leur dépense, et le brillant pour ceux qui l'aiment. Voilà, quant à moi, le but que je me suis proposé et que j'ai la confiance d'avoir atteint, autant qu'il est possible de l'atteindre.

Oui, lecteurs, et c'est ici que je réclame votre bienveillante attention.

CONCLUSION.

Ce n'est pas sans éprouver de l'hésitation, de l'embarras, que j'arrive à la conclusion que vous avez pressentie, pour vous dire : *prenez ma marchandise, vous serez bien servi.* Je connais la défiance publique contre quiconque parle de soi et pour soi ; je sais fort bien que l'on m'assimilera à tous les charlatans qui autrefois parcouraient les carrefours aux sons de la trompe et du tambour, et qui, aujourd'hui, font gémir la presse. C'est humiliant, si l'on veut, j'en conviens ; mais pourtant, aujourd'hui il n'y a pas d'autres moyens, pour un artisan, de faire connaître ses produits ; pour un savant, de faire connaître sa science ; pour un roi, de faire connaître sa volonté : donc je peux bien, à l'exemple de tant d'autres, en user à mon tour. Que dis-je ? il faut bien en user. Quand la concurrence s'agite autour de nous pour nous écraser, il faut bien se défendre.

Hé ! croyez-bien, lecteurs, qu'il faut être poussé par une impérieuse nécessité pour descendre dans l'arène industrielle. J'estime que c'est un acte de courage de soutenir le combat ; que c'est un mérite de s'y maintenir avec honneur. Eh ! quelle est la perspective que l'on a ? A-t-on la certitude de passer les dernières années de sa vie dans le repos ? oh ! non, je ne connais aucune industrie qui offre cette certitude ; et la mienne, si humble, si petite entre toutes, moins que tout autre. Aussi, faut-il avoir la sagesse du travail, la résignation et le courage du combat jusqu'à la fin.

Ainsi donc, cela dit, j'aborde franchement ma conclusion : je ne vous dirai pas que j'ai plus de de mérite que qui que ce soit, parce que je ne m'institue le juge de personne, j'attends qu'on me juge. Mais, sans affecter de modestie, je vous dirai résolument : je fais mon métier, je le fais avec goût, savoir et bonne foi. Je ne vous dirai point : quittez tous votre chapelier ; donnez-moi votre pratique. Je vous dirai seulement : si la fantaisie vous prend un jour de changer de chapelier, s'il n'a pas l'article que vous demandez, donnez-moi la préférence. Je vous ai conseillé le feutre pour coiffure, parce que je suis certain que vous serez content de celui que je vous fournirai. Il n'y a pas de chapelier capable de vous le fournir plus beau et meilleur, en raison du prix que vous y mettrez. Essayez de mes feutres à 15 *francs*, c'est le prix que vous mettez au chapeau de soie ; il n'y aura pour vous aucun surcroît de dépense, et vous pourrez apprécier l'article. Je le fais bien, et, je crois, mieux qu'un autre, parce que depuis l'enfance j'ai la pratique, l'expérience de ce travail.

La plupart des chapeliers actuels ne se doutent pas de ce que c'est que la fabrication du feutre. Le jury, dans le rapport que j'ai cité plus haut, signale la ville de Lyon comme le siége de la fabrication du feutre par excellence. Lyon est mon pays ; je n'ai pas connu dans ma famille, côté paternel ou maternel, d'autres professions que la chapellerie. C'est à Lyon que sont fabriqués mes feutres. Ils viennent à Paris pour y être teints, apprêtés, mis en forme ; enfin, recevoir les dernières façons par les ouvriers de Paris, à bon droit renommés pour leur goût et leur habileté. Il n'est donc pas étonnant que mes chapeaux soient supérieurement fabriqués, que je puisse les établir et que je les établisse à plus bas prix qu'aucun autre chapelier, puisque j'emploie une méthode particulière pour le travail, et que je le distribue, ainsi que vous le voyez, d'une manière pour longtemps encore impraticable à tout autre.

Tous ceux qni ont quelque savoir en industrie savent qu'avec de bonnes méthodes, une bonne distribution de travail, un salaire convenable, on réunit les bons ouvriers ; ils savent qu'en modérant ses bénéfices, on obtient un plus grand débit, et qu'ainsi on arrive véritablement à fournir aux consommateurs la marchandise la meilleure, la mieux faite et au plus bas prix possible.

Je ne reconnais en affaire aucun autre moyen.

CONCURRENCES.

Ceux qui se logent à un premier, et qui annoncent qu'ils font profiter le consommateur d'une prétendue économie de loyer, luminaire et décoration, le trompent

De quelque façon qu'on se loge, les loyers sont chers, en raison de ce qu'on peut faire dans un logement. Partout il faut du luminaire et de la décoration. En chambre, on fait moins d'affaires; on ne peut vendre aucun article de fantaisie, on n'a point de casuel, et ceci égalise les conditions.

Ceux qui annoncent vendre au détail au même prix qu'on vend en gros, sont des menteurs ou des fripons. La vente au détail fait perdre un temps considérable; il faut un personnel beaucoup plus nombreux. Celui qui vendrait au détail le même prix qu'il vend en gros, se ruinerait infailliblement ou duperait l'un et l'autre; il duperait le consommateur, en altérant les qualités, et ses fournisseurs, en faisant faillite. Je n'admets pas qu'il y ait des gens qui marchent volontairement à la faillite, à la ruine. Partant, pas de travail sans bénéfices! Je le répète : belle et bonne marchandise, bénéfices probes et modérés, fondés sur de bonnes méthodes et une bonne distribution de travail : voilà, quant à moi, ce que j'annonce avec vérité.

Essayez de mes chapeaux en feutre mi-poils à 15 fr., moi, je les livre à ce prix. *Ainsi, sans augmenter votre dépense, vous pourrez vous convaincre de la supériorité de ces chapeaux.*

CH. MONIER.
Chapelier, rue Montesquieu, n° 8.

Cette rue correspond du passage Véro-Dodat au Palais Royal. On est prié de faire attention au numéro 8 que porte ma maison, laquelle se trouve à côté de la salle Montesquieu.

www.ingramcontent.com/pod-product-compliance
Lightning Source LLC
LaVergne TN
LVHW010834180726
843502LV00009B/3559